Somos Latinos

mis comidas · my foods

George Ancona

With Alma Flor Ada and F. Isabel Campoy
Language Consultants

Children's Press® A Division of Scholastic Inc.
New York · Toronto · London · Auckland · Sydney · Mexico City · New Delhi · Hong Kong · Danbury, Connecticut

To Kathleen & Stan

Thanks to the people who helped me produce this book:
To Alex and his parents, Grecia and Ahmed Ibarra, and to his sisters, Kristina and Rebeca;
to Esperanza Armendáriz, her family and friends; to Sr. Eber of the Tortillería Cuahtémoc;
and to Raúl A. López and Héctor A. Melgar of the Red Enchilada restaurant.

Gracias,
G.A.

Library of Congress Cataloging-in-Publication Data

Ancona, George.
  Mis comidas = my foods / George Ancona; Alma Flor Ada
  & F. Isabel Campoy, language consultants.
    p. cm. — (Somos latinos)
  Includes bibliographical references and index.
  Parallel Spanish and English text.
  ISBN 0–516–25292–5 (lib. bdg.) 0-516-25496-0 (pbk.)
1. Cookery, Latin American—Juvenile literature. I. Title: My foods.
II. Ada, Alma Flor. III. Campoy, F. Isabel. IV. Title.
TX716.A1A53 2005
641.598—dc22

                                    2005013972

Contenido • Contents

¡Buen provecho!

Los deliciosos olores que salen de las cocinas de los
latinos recuerdan los hogares que dejaron atrás. Cada país
latinoamericano tiene sus comidas y recetas típicas.

Los padres de Alex vinieron de Venezuela donde la comida
típica es una sopa llamada *sancocho*. Sus recetas usan muchas
verduras y frutas tropicales como coco, plátano, yautía, y chiles.

En un hogar latino se te invita a disfrutar de la
comida con la frase *¡Buen provecho!*

Enjoy Your Meal!

The delicious smells that come from Latino kitchens are reminders of the homes left behind. Each country in Latin America has its own special foods and recipes.

Alex's parents came from Venezuela where a typical dish is a soup called *sancocho*. Their recipes use many tropical vegetables and fruits such as coconuts, plantains, taro, and chiles.

In a Latino home, you are invited to enjoy your meal with the phrase, *Buen provecho*.

Mi nombre es Alejandro, pero prefiero que me llamen Alex. Los domingos hacemos unas tortas llamadas *arepas*. Después de amasar la masa, mi madre y yo les damos forma de tortas gruesas.

My name is Alejandro, but I prefer to be called Alex. On Sundays, we make biscuits called *arepas*. After kneading the dough, my mother and I shape it into fat pancakes.

Primero frío un poco las *arepas*, y luego mamá las pone en el horno para que se horneen. Cuando las sacamos, les doy una palmada para ver si están hechas.

First I fry the *arepas* a little, and then Mom puts them in the oven to bake. When they come out, I tap one to see if they are done.

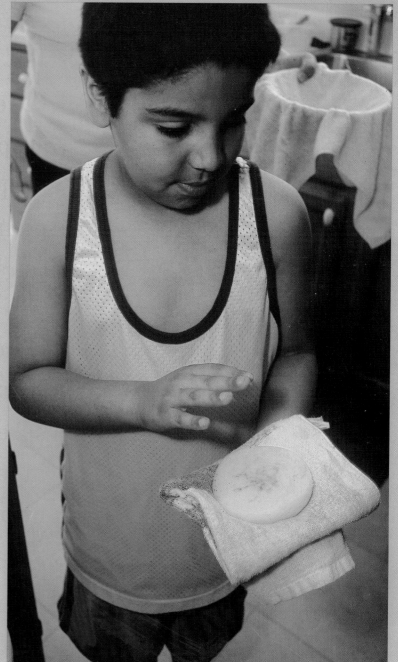

Luego nos sentamos a desayunar arepas con huevos. Mi hermana les pone jamón del diablo. Mi padre se hace un sándwich con una de ellas.

Then we sit down to a breakfast of *arepas* and eggs. My sister spreads her arepa with deviled ham. My father makes his arepa into a sandwich.

Como los domingos estamos todos juntos, comemos un gran almuerzo. Vamos de compras a un mercado que vende comidas sudamericanas. Allí compramos verduras y carne para hacer el sancocho venezolano.

Since we are all together on Sundays, we have a big lunch. We go shopping in a market that sells foods from South America. There we buy the vegetables and meat to make a Venezuelan *sancocho*.

Kristina y mamá cortan
las verduras que compramos
para el sancocho y entonces
las ponemos con la carne
en una olla.

Kristina and Mom cut
up all the vegetables we
bought for the *sancocho*
and then put them all into
the pot with the meat.

zanahoria ● carrot

maíz ● corn

cebolla　onion

papa　potato

yautía

taro root

ají dulce

sweet chile

carne de res　beef shank

cilantro ● cilantro

pimiento verde

green pepper

yuca ● yucca

auyama ● squash

15

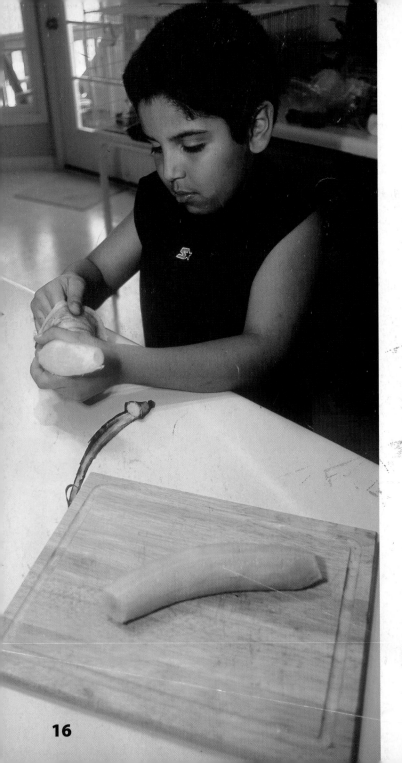

Yo me encargo de pelar los plátanos y cortarlos por la mitad. Mamá los fríe mientras papá abre los cocos para sacarles el agua para tomar.

My job is to peel plantains and slice them down the middle. Mom fries them while Dad splits coconuts to get coconut water to drink.

Cuando el sancocho está listo, nos sentamos a comer. Mm, mm, ¡rico!

After the sancocho is cooked, we all sit down to eat. Mm, mm, good.

Algunos de mis amigos vinieron de México. Ellos comen tortillas en lugar de pan. Cuando vamos a sus casas, sus madres nos dejan hacer tacos.

Some of my friends come from Mexico. They eat tortillas as their bread. When we go to their houses, their mothers let us make tacos.

Mis amigos de El Salvador comen pupusas rellenas con queso, carne, o frijoles. También comen tamales de carne, verduras, o fruta. Los tamales se cocinan en hojas de mazorca de maíz.

My friends from El Salvador eat *pupusas* with cheese, meat, or beans. They also eat tamales made of meat, vegetables, or fruit. Tamales are cooked in corn-husk leaves.

pupusas

tamales

Para el postre tomamos chocolate caliente y panes dulces. Los panes dulces vienen de todas formas y sabores. Es divertido batir el chocolate y la leche.

For dessert, we have hot chocolate and sweet breads. Sweet breads come in all shapes and flavors. It's fun to spin the beater to mix the chocolate and milk.

empanadas

conchas

galleta

churros

Comidas latinas

Los habitantes nativos de las Américas cazaban, pescaban y recolectaban frutas en sus tierras y en sus aguas. En Norteamérica cosechaban maíz, calabaza y frijoles. En el sur cosechaban muchas clases de papas. Los conquistadores europeos trajeron animales domésticos y comidas de Europa, Asia y África. Con el paso del tiempo cada país creó sus propias recetas que todos disfrutamos. Como dice el refrán *"Panza llena, corazón contento."*

Latino Foods

Long ago, the Native people of the Americas hunted, fished, and gathered fruit on their land and in their waters. In the north, they grew corn, squash, and beans. In the south, they grew many different kinds of potatoes. The European conquerors brought domesticated animals and foods from Europe, Asia, and Africa. As time went by, each country created its own recipes which we all enjoy. As the Spanish proverb says, "Panza llena, corazón contento" which means "A full belly makes a happy heart."

El viaje de la familia de Alex

La madre, el padre y la hermana mayor de Alex, Kristina, dejaron Venezuela hace diez años. Su madre era doctora y su padre estaba estudiando biología animal. En aquel tiempo la situación era difícil en Venezuela. No había trabajo, ni dinero. Primero fueron a la Florida donde vivía la hermana de la madre. Entonces decidieron buscar un nuevo sitio para vivir. La primera parada fue San Luis, en Missouri. Les gustó tanto que decidieron quedarse. Allí nacieron primero Alex y luego Rebeca.

Hoy, la madre de Alex trabaja en el campo de la salud, donde se esfuerza por conseguirle cuidados médicos gratis a los niños. Su padre tiene un próspero negocio de jardinería. Aunque los padres trabajan, uno de ellos siempre está en casa cuando los niños regresan del colegio.

Alex's Family's Journey

Alex's mother, father, and older sister, Kristina, left Venezuela ten years ago. His mother was a doctor, and his father was studying animal science. At the time, things in Venezuela were very hard. There was no work and no money. They first went to Florida, where his mother's sister lived. Then they decided to look for a new place to live. Their first stop was St. Louis, Missouri.

They liked it so much that they decided to stay. Then Alex and later Rebeca were born.

Today, Alex's mother is in the health-care field, where she works to get children free medical care. His father has a busy landscape business. Although both parents work, one of them is always home when the children return from school.

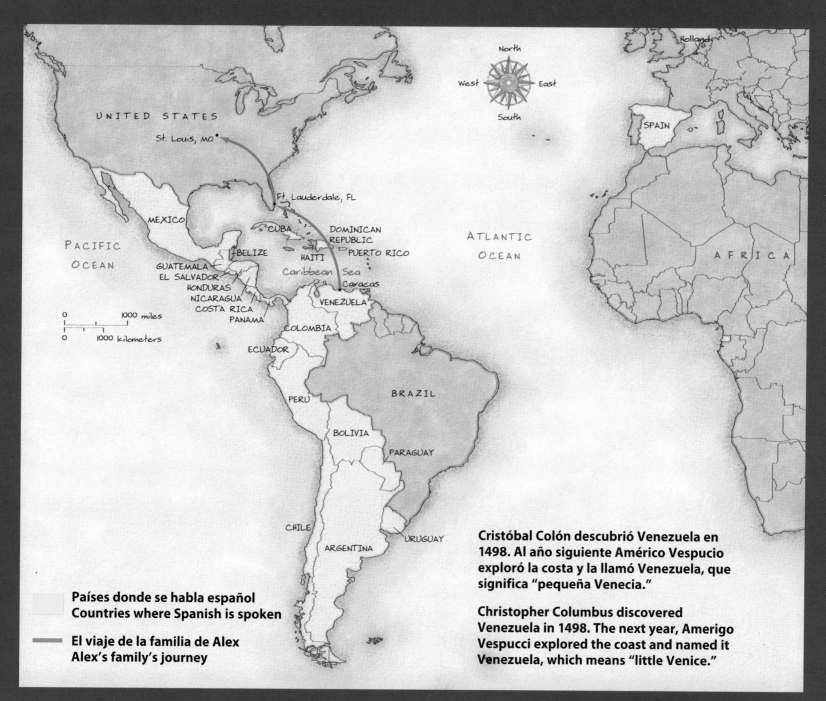

Países donde se habla español
Countries where Spanish is spoken

El viaje de la familia de Alex
Alex's family's journey

Cristóbal Colón descubrió Venezuela en 1498. Al año siguiente Américo Vespucio exploró la costa y la llamó Venezuela, que significa "pequeña Venecia."

Christopher Columbus discovered Venezuela in 1498. The next year, Amerigo Vespucci explored the coast and named it Venezuela, which means "little Venice."

Palabras en español = Words in English

almuerzo = lunch

auyama = squash

carne de res = beef shank

cebolla = onion

cortarlos = to slice

desayunar = breakfast

horno = oven

huevos = eggs

masa = dough

pan dulce = sweet bread

recetas = recipes

zanahoria = carrot

Índice

Index

Sobre el autor

A George Ancona le encanta fotografiar comida porque después de sacar las fotos puede comérsela. Como le divierte conocer gente y hacer amigos, raras veces come solo. De muchacho le gustaba invitar a sus amigos a casa, donde su madre les ofrecía tacos y chocolate caliente. Sentarse a compartir una comida es una celebración de amistad y de vida.

About the Author

George Ancona loves to photograph food, because after taking the pictures, he gets to eat the food. Since he enjoys meeting people and making friends, he seldom eats alone. As a boy, he would invite his friends home, where his mother would offer them tacos and hot chocolate. Sitting down to share a meal is a celebration of friendship and of life.

Sobre Alma Flor Ada y F. Isabel Campoy

Alma Flor e Isabel son dos viajeras incansables. Lo primero que hacen al llegar a un país es probar la comidas típicas. Ellas han comido chapulines en México, pulpo en España, caracoles en Marruecos, salmón ahumado en Alaska, y murciélagos en Micronesia. ¡Pero también les gusta la pizza!

About Alma Flor Ada and F. Isabel Campoy

Alma Flor and Isabel are two untiring travelers. The first thing they do when they arrive in a country is to try the typical foods. This is how they have eaten roasted crickets in México, octopus in Spain, snails in Morocco, smoked salmon in Alaska, and fruit bats in Micronesia. But they also love pizza!